GÉNÉALOGIE

DE LA

FAMILLE HÉMART

ET DE

SES ALLIANCES

LILLE. — IMPRIMERIE LEFEBVRE-DUCROCQ

HÉMART DU NEUFPRÉ.

GÉNÉALOGIE

DE LA

FAMILLE HÉMART

et de

SES ALLIANCES

M D CCC LXIII

1863

HÉMART

Malgré les longues recherches que j'ai faites concernant la filiation de cette famille, je n'ai pu en découvrir l'origine. Béthune, cependant, paraît avoir été longtemps la résidence des premiers membres de cette famille; mais le mauvais ordre et l'interruption de tous les registres des paroisses de cette ville ne m'ont donné que quelques actes insignifiants, qui m'auraient empêché de faire la généalogie de ma famille, si je n'avais rencontré dans de vieux papiers de famille certains contrats qui m'ont mis sur la trace ou plutôt qui m'ont indiqué la filiation de la famille HÉMART.

Cette famille a possédé les terres seigneuriales du Châtelet, de la Hernisse, du Neufpré, de Mamure et de Saint-Germain. Elle habita particulièrement Aire, Arras, Béthune, Hesdin, Saint-Omer et Saint-Pol, où plusieurs de ses membres remplirent les charges d'échevin, trésorier, procureur et conseiller du roi, etc. En outre, la famille Hémart a fourni plusieurs capitaines et un lieutenant de cavalerie, un chevalier de Saint-Louis, plusieurs abbés, etc., etc.; et a pris alliance avec les familles : BERTIN DU NEUFPRÉ, BRUNINCK, DE CARDEVACQUE, de CROQUISON, de LENCQUESAING, LIOT DE NORTBÉCOURT, de ROYELLE, de WANDONNE DE WAILLY.

Les armoiries de la famille HÉMART ont toujours été les mêmes. Elle porte : d'argent à cinq burelles de sable, deux lions pour supports, et pour devise : *Candidè et Rectè.*

Comme le prouvent les parchemins pancartes de famille, anciens cachets et autres preuves anciennes.

Dans l'église de Saint-Jean-Baptiste à Dunkerque, on voit encore aujourd'hui une pierre tombale décorée des armoiries de la famille HÉMART; elle concerne

Florent-Ernest HÉMART, en religion frère Pacifique, religieux Récollet, mort à Dunkerque, le 8 janvier 1718. Il y eut autrefois à Amiens une famille notable du nom d'HÉMART, qui donna des membres à l'échevinage et à la Confrérie de Notre-Dame du Puy, association célèbre et très importante dans le moyen âge. Elle portait pour armes : d'argent à six burelles de sable (*Recherches sur la Noblesse ancienne de Picardie*, par M. le docteur Goze). Ne semble-t-il pas que cette famille ait la même origine, ayant les mêmes armes, sauf une burelle en plus ? Quoi qu'il en soit, je n'ai trouvé aucun document qui fît rattacher cette famille à la famille HÉMART dont je donne ci-après la généalogie.

I. — Renaud HÉMART, seigneur DE SAINT-GERMAIN et bailli de la comté, marié vers 1600 à Guislaine LE BEL, mort en 1633 à Béthune, et inhumé en la chapelle de Saint-Barthélemy, en l'église de Sainte-Croix.

De ce mariage :

1. Isabelle HÉMART, mariée en 1621 à Robert DE ROYELLE, échevin de la ville de Béthune, frère de Catherine DE ROYELLE, alliée à Robert ENLART, échevin de Béthune.
2. Marguerite HÉMART, alliée à Antoine LEFEBURE, seigneur et bailli en partie d'AMBRICOURT, par sa femme.

De ce mariage :

A. LOUIS, mort chapelain à Habarcq.
B. ANTOINE-FRANÇOIS, allié à Marie-Anne PELET.
C. MARIE-FLORENCE, religieuse.
D. PIERRE, mort jeune.

3. Pierre HÉMART, prévôt des échevins et charitables de Béthune, marié en 1637 à Marie-Florence HÜE, mort sans postérité en 1699, et inhumé en la chapelle de Sainte-Croix.
4. Philippe HÉMART, avocat au Conseil provincial d'Artois et procureur du roi en la ville et bailliage d'Aire, marié à Arras en 1635 à Anne GAILLARD.

De cette alliance :

A. Albert HÉMART, chanoine de l'insigne collégiale de Saint-Pierre à Aire.
B. Philippe-François HÉMART, chanoine et trésorier de ladite collégiale d'Aire, en 1670.
C. Antoine HÉMART, avocat au Conseil d'Artois, allié à Jacqueline-Dominique PAYELLE, le 16 mars 1665.

De ce mariage :

A. MARIE-ANNE-FRANÇOISE, alliée à Lille à Nicolas GAULTIER, licencié ès-lettres, commissaire du Conseil ordinaire de Sa Majesté en Hainaut.

De ce mariage :

a. NICOLAS-FRANÇOIS, né à Lille en 1693, mort en 1743. En lui finit la branche de Philippe HÉMART, avocat procureur du roi à Aire.

D. Charles HÉMART, mort grand-prieur d'Aubigny, en 1722.

E. Albert-Joseph HÉMART, lieutenant de cavalerie au service de Sa Majesté Très Chrétienne, tué au siége de Laudau, en 1704.

F. JEAN-BAPTISTE, religieux à Aubigny.

G. MARIE-ALBERTINE, née à Aire, le 24 mars 1657.

H. MARIE-ANNE, née à Aire, le 17 décembre 1651.

I. ADRIEN, religieux capucin.

J. MARIE-FLORENCE, morte à Béthune, en 1709.

K. LAURENT, mort à marier.

L. LOUIS-JOSEPH, prêtre.

M. VINDICIEN.

II. — Adrien HÉMART, seigneur de SAINT-GERMAIN, bailli de Villers-Châtel, fils aîné de Renaud, marié le 3 mai 1634, à Marie FOUACHE, fille de PIERRE, sieur de VIGNACOURT en Blaringhem, échevin de la ville d'Aire, et de dame Marie LE CLERQ.

De cette alliance :

1. Marie HÉMART, née à Aire, le 31 mai 1636.

2. ADRIEN, bailli de Thérouane, receveur des Etats d'Artois et échevin de la ville d'Aire, allié, le 29 novembre 1684, à Françoise-Thérèse FOUACHE, mort en 1727.

(Voir sa descendance, page 8.)

3. MARIE-CÉLESTINE, abbesse des Conceptionistes à Béthune.

4. JEANNE-CLAIRE, religieuse conceptioniste à Béthune.

5. PHILIPPE, seigneur de SAINT-GERMAIN, bailli de la comté, marié en 1655, à Marie-Barbe DUFOUR DE MAMURE.

(Voir leur descendance, pages 9 et 10.)

6. Maximilien-Joseph, gens d'armes de la Reine dans la compagnie du marquis d'Estaing, capitaine de cavalerie, marié à Thérèse-Brigitte de Croquison, demoiselle de Wallière, sœur de Marie-Louise-Antoinette de Croquison, épouse de Pierre-Florent Defroom, avocat au Conseil d'Artois et conseiller pensionnaire de la ville d'Aire, père d'Adrien-Antoine-Célestin Defroom, échevin, lieutenant-mayeur de la ville d'Aire, décédé sans alliance.

(Voir leur descendance, pages 10, 11, 12, 13.)

Descendance d'Adrien Hémart.

1. Augustin, mort en bas-âge.
2. Marie-Célestine, mariée à Aire, en 1714, à Antoine-Ignace Bertin du Neufpré, échevin, puis lieutenant-mayeur de cette ville, morte en cette ville en 1756, et inhumée en l'église de Notre-Dame, ainsi que son mari, qui décéda le 10 septembre 1774.

De cette alliance :

A. Adrien-Ignace Bertin du Neufpré, mort jeune.

B. Dominique-Florent Bertin du Neufpré, avocat au Conseil d'Artois et échevin de la ville d'Aire, mort en cette ville en 1750, le 15 du mois de novembre.

C. Antoine-Célestin-Joseph Bertin du Neufpré, religieux jésuite, mort en 1802, à Tournai.

D. Albert, dit dom. Barthélemi Bertin du Neufpré, chanoine régulier de l'abbaye de Clairmarais.

E. Marie-Barbe Bertin de La Couture, morte à Aire, en 1753, le 13 du mois d'octobre.

F. Thérèse-Brigitte-Célestine Bertin de La Motte, mariée en 1747, à messire Jean-Albert Hémart, chevalier de l'Ordre royal et militaire de Saint-Louis, capitaine des grenadiers du régiment de Montmorin, mort à Aire, le 8 janvier 1756.

G. Marie-Ursule Bertin du Neufpré, religieuse.

H. Jeanne-Isbergue-Charlotte-Constance Bertin de Mallembert, décédée à Aire, le 5 mars 1817.

Descendance de Philippe Hémart, fils d'Adrien et de Marie Fouache.

III. Jean-Baptiste Hémart, religieux de l'abbaye d'Aubigny.
   Charles Hémart.
   Marie Hémart, religieuse Conceptioniste à Béthune.
   Pierre Hémart, mort jeune à Béthune.
   Marie-Florence....
   Alexis, dit dom. Alexis Hémart, religieux à Auchin.

IV. Adrien-François Hémart, seigneur de Mamure, receveur des Etats d'Artois à Béthune, marié : 1º à demoiselle M.... Pelet, 2º à demoiselle Catherine d'Anvin, mort en 1710.

De cette dernière alliance sont nés :

1. Antoine Hémart de Mamure, provincial des Récollets.
2. Messire Benoît Hémart, religieux du Mont-Saint-Eloi, mort prieur, à Gouy-en-Ternois.
3. Louis Hémart de Mamure, abbé de Marchiennes.
4. Louis-François-Xavier Hémart, dit dom. Ignace, 56e abbé de Clairmarais, mort en 1759.

V. Jean-Alexis Hémart, seigneur de Mamure, receveur des Etats d'Artois à Saint-Pol, et grand-bailli de Son Altesse Monseigneur le prince de Hornes, allié à Marthe-Marie Senidre, fille d'Albert et d'Aldegonde Van den Driessche; mort à Saint-Pol, le 29 juin 1787.
   Jacques-Hubert Hémart, avocat au Conseil provincial d'Artois et trésorier de la ville de Saint-Omer, marié en 1735, à demoiselle Marie-Anne Bruninck, fille de Philippe et de dame Marie Van der Colme, mort à Saint-Omer, en 1767, et inhumé en l'église de Saint-Denis, ainsi que sa femme, qui décéda à Saint-Omer, le 12 octobre 1758.

De cette alliance :

1. Marie-Anne-Austreberthe HÉMART DE LA HERNISSE, morte à Saint-Omer, en 1814, dans un âge très avancé.

VI. — Messire Maximilien-Antoine-Hubert HÉMART, écuyer, seigneur DE LA HERNISSE et DE MAMURE, conseiller du roi en son Conseil provincial et supérieur d'Artois, marié à Arras, en 1768, à Marie-Elisabeth-Joseph VALET, *guillotiné à Arras en 1793.*

De ce mariage :

VII. — Jean-Alexis-Hubert HÉMART DE MAMURE, écuyer, avocat au Conseil d'Artois, *disparu en 1793;* il était né à Arras, le 14 octobre 1769.

———

Descendance de MAXIMILIEN fils d'Adrien HÉMART et de Marie FOUACHE,

1. François HÉMART, mort religieux à Auchin.
2. Adrien-Joseph HÉMART, sieur DU CHATELET, avocat au ci-devant Parlement de Flandre, né en 1690, marié à Merville, à demoiselle Marie POULLET.

De ce mariage :

A. Maximilien-Joseph-Adrien HÉMART, né à Aire, le 28 juillet 1722.
B. Marie-Caroline-Adrienne HÉMART, née à Aire le 4 juillet 1724, mariée à messire Alexandre-Joseph FAYOLLE, sieur de LESCOIRE, conseiller du roi au baillage de Saint-Omer; sans postérité.

3. Marie-Françoise-Brigitte HÉMART, morte à Hesdin, en 1698.
4. Florent-Ernest HÉMART, dit FRÈRE PACIFIQUE, religieux Récollet, mort

à Dunkerque, le 8 janvier 1718. Il fut inhumé dans l'église Saint-Jean-Baptiste, sous une *tombe décorée de ses armes.* Cette pierre tombale a depuis été restaurée telle qu'elle était autrefois; on l'y voit encore aujourd'hui.

5. François-Joseph-Louis HÉMART, avocat au Conseil provincial d'Artois et échevin de la ville d'Hesdin, marié à Marie-Françoise-Joseph WARIN D'AMBRICOURT.

De ce mariage :

ADRIEN-FRANÇOIS, avocat au Conseil d'Artois, allié à N....

De ce mariage :

N.... HÉMART,   allié à....

De ce mariage :

Caroline HÉMART, alliée à Louis DE CORBEHEM.

6. Marie-Célestine-Antoinette HÉMART, née au château de la Comté, en 1696, alliée à Georges-André-Joseph HERBOUT, avocat en Parlement.
7. Philippe HÉMART, mort jeune en 1713.
8. Brigitte-Françoise HÉMART, née à Fressin, le 24 avril 1702.
9. Marie-Ursule-Aimée HÉMART, née le 21 avril 1703.
10. Marie-Anne-Françoise HÉMART, née le 30 mars 1699.
11. Eustache HÉMART, né le 27 janvier 1706.

IV. — Messire Jean-Albert HÉMART, né en 1700, capitaine du régiment de Montmorin, infanterie, chevalier de l'Ordre royal et militaire de Saint-Louis en 1745, marié en 1747, à Aire, à demoiselle Thérèse-Brigitte-Célestine BERTIN DE LA MOTTE, mort en 1767, et inhumé en l'église Notre-Dame.

De cette alliance :

1. Albertine-Brigitte HÉMART, née le 4 avril 1749, décédée à Aire, en bas-âge.
2. François-Xavier-Antoine-Joseph HÉMART, né à Aire le 20 décembre 1755.

3. Barthélemi-Adrien-Florent-Joseph-Louis HÉMART, né à Aire, le 18 février 1754.

4. Marie-Antoinette-Célestine-Joseph HÉMART, née en 1748, mariée à François-Joseph DE WANDONNE DE WAILLY, avocat au Conseil d'Artois, conseiller du Roi, trésorier des Etats d'Artois, à Aire, en 1769, fils de Philippe-Joseph DE WANDONNE et de Marguerite-Joseph GAUTRANT, décédée à Aire, en 1795, et son mari y décéda le 8 avril 1781.

5. Marie-Barbe-Thérèse-Joseph HÉMART DE LA MOTTE, née à Aire, en 1750, mariée en 1781, à Charles-Maurice DE WANDONNE, sieur D'AVESNES, avocat, conseiller du Roi, receveur des Etats d'Artois, à Aire, mort en émigration à Munster, en 1799; sa femme décéda à Rennes, le 16 janvier 1816.

De ce mariage :

Jean-Albert-Maurice DE WANDONNE D'AVESNES, né à Aire, le 18 septembre 1782, mort en émigration à Munster, le 4 avril 1800.

V. — Maximilien-Antoine-Albert-Joseph HÉMART, fils de Jean-Albert, seigneur du NEUFPRÉ et autres lieux, échevin de la ville de Saint-Omer, marié en 1778, à Marie-Scholastique-Joseph DE CARDEVACQUE, fille de MICHEL-JOSEPH-IGNACE, écuyer, seigneur de WANDELICOURT, WALLON-CAPPEL, échevin de Saint-Omer, et de dame Marie-Joseph OGIER, mort à Saint-Omer, en 1809.

De ce mariage :

1. Marie-Scholastique-Joseph HÉMART, née à Saint-Omer, le 13 janvier 1781, mariée à Louis-Guillaume VAN WORMHOUDT, morte en 1861.

2. Michel-Albert-Joseph HÉMART, né le 12 février 1782, mariée en 1811, à Marie-Guislaine-Aimée WATTRINGUE, fille de PIERRE-FRANÇOIS, maire de la ville de Saint-Omer, anoblis en 1817 pour services rendus.

De ce mariage :

A. Pierre-Michel-Albert-Joseph HÉMART, marié à Sidonie-Louise-Marie MOREEL, fille de DOMINIQUE-JEAN-FRANÇOIS et de Marie LIOT DE NORTBÉCOURT, décédé à Saint-Omer, en 1839, le 1er décembre.

De cette alliance :

Frédéric HÉMART, mort en bas-âge à Cassel.

B. Aimée HÉMART, mariée à Alphonse-Ferdinand-Joseph DE CARDEVACQUE, à Saint-Omer.

De ce mariage :

Deux enfants morts en bas âge :
Isabelle DE CARDEVACQUE ;
Gaston-Guy-Michel DE CARDEVACQUE.

C. Nathalie-Louise-Joseph HÉMART, mariée en 1836, à Félix-Albert HÉMART.
(Voir plus bas leur descendance.)

D. Charlotte et Joséphine HÉMART.

4. Marie-Charlotte-Joseph HÉMART, née à Saint-Omer, le 16 juillet 1788, mariée en 1818, à Louis-Eugène-Martial DE LENCQUESAING, fils de messire Charles-Louis-François DE LENCQUESAING, écuyer, capitaine au régiment royal-Wallon, chevalier de Saint-Louis et mayeur de la ville d'Aire, et de dame Marie-Louise-Joseph DE LENCQUESAING.

VI.— 3. Charles-Jean-Baptiste-Joseph HÉMART, né à Saint-Omer, le 15 mars 1783, allié en 1806 à Adélaïde-Marie-Augustine LIOT DE NORTBÉCOURT, fille de messire Augustin-Thomas-Joseph LIOT, écuyer. seigneur de WALLE et de NORTBÉCOURT, noble vassal de la cour de Cassel, mousquetaire du Roi et chevalier de l'Ordre royal et militaire de Saint-Louis, et de dame Marie-Anne-Thérèse LENGLÉ DE SCHOÉBEQUE.

De ce mariage :

1. Adélaïde-Marie HÉMART, décédée en 1822.

VII.— Alphonse-Augustin-Joseph HÉMART DU NEUFPRÉ, allié à Marie-Thérèse-Louise LIOT DE NORTBÉCOURT, fille de Pierre-François-Augustin-Aimé-Joseph LIOT DE NORTBÉCOURT et de dame Thérèse-Louise ENLART DE GUÉMY, mort à Manheim (Allemagne), le 11 août 1853.

De ce mariage :

VIII.— Alfred HÉMART DU NEUFPRÉ, mort le 1er mai 1852.

3. Félix-Albert HÉMART DU NEUFPRÉ, né en 1812, allié en 1836 à Nathalie-Louise-Joseph HÉMART, sa cousine-germaine.

De cette alliance :

A. Albert-Joseph HÉMART DU NEUFPRÉ.
B. Henri-Félix-Joseph HÉMART DU NEUFPRÉ.
C. Paul-Aimé-Félix-Joseph HÉMART DU NEUFPRÉ, décédé à Saint-Omer, en 1858.
D. Charles-Augustin-Joseph HÉMART DU NEUFPRÉ.
E. Marie-Nathalie-Joséphine HÉMART DU NEUFPRÉ, décédée à Saint-Omer, en 1860.

COPIE LITTÉRALE

de la lettre écrite par le Roi Louis XV à Messire

JEAN-ALBERT HÉMART

CAPITAINE DU RÉGIMENT DE MONTMORIN, POUR LE NOMMER CHEVALIER DE L'ORDRE DE SAINT-LOUIS

MONSIEUR HÉMART,

La satisfaction que j'ai de vos bons services m'ayant convié à vous associer à l'Ordre royal de Saint-Louis, je vous écris cette lettre pour vous dire que j'ai commis mon cousin le prince de Conti pour, en mon nom, vous recevoir et vous admettre *à la dignité de Chevalier de Saint-Louis*; et mon intention est que vous vous adressiez à lui pour prêter en ses mains le serment que vous êtes tenu de faire en ladite qualité de Chevalier dudit Ordre, et recevoir de lui l'accolade et la croix, que vous devez dorénavant porter sur l'estomac, attachée d'un petit ruban couleur de feu; voulant que, après cette réception faite, *vous teniez rang* parmi les autres *Chevaliers dudit Ordre* et *jouissiez des honneurs* qui y sont attachés; et la présente n'étant pour autre fin que de prier Dieu qu'il vous ait, monsieur HÉMART, en sa sainte garde.

Fontainebleau, le 8 octobre 1745.

Signé :

LOUIS.

EXTRAIT DE LA FEUILLE DE SAINT-OMER DE 1809.

Saint-Omer, le 27 mai 1809.

Les pauvres de la ville de Saint-Omer viennent de faire une perte bien sensible en la personne de M. Maximilien-Antoine-Albert-Joseph Hémart, propriétaire en cette ville. La bourse de cet homme respectable était toujours ouverte aux malheureux; jamais il ne parlait des actes de bienfaisance et de charité qu'il faisait; on ne les a connus que par les pauvres eux-mêmes ou par des amis de la maison, qui se plaisent maintenant à les publier.

La charité est une si belle vertu qu'on aime à en faire l'éloge. M. Hémart possédait d'ailleurs les plus belles qualités du cœur, et joignait à tout cela l'esprit le plus juste. Mêlons donc quelques larmes à celles que répand en abondance une famille plongée dans la douleur. Cet homme vertueux, sentant sa mort approcher, a vu s'évanouir les faveurs de la fortune avec cette indifférence ou plutôt cette résignation que donne la Religion à ceux qui la suivent avec autant de zèle qu'il l'a fait.

M. Hémart, époux de dame Scholastique DE CARDEVACQUE, est mort lundi passé 22 de ce mois. Ses obsèques ont été célébrés, avec la solennité due à sa fortune, en l'église de Saint-Denis.

DU NEUFPRÉ

La terre du Nœufreys, Nœufrey, Nœufprés et enfin Neufpré, était autrefois un fief-noble relevant directement du Roi, à cause de son château d'Aire en Artois, ville près de laquelle était situé ledit fief.

Cette terre fut annexée en 1578 au fief de *la Vigne,* proche de celui du Neufpré, en vertu de lettres-patentes et autorisation de Sa Majesté, portant annexion dudit fief à celui du *Neufpré.* Ces lettres furent enregistrées en la Chambre des comptes à Lille.

Trois familles portèrent le titre de *seigneur du Neufpré ;* ce furent les familles Le Brun, Bertin et Hémart. On peut consulter, à l'appui de cette assertion, les registres de la paroisse de Notre-Dame, à Aire, et les archives de cette ville; de plus, les registres de la paroisse de Sainte-Marguerite, à Saint-Omer, et plusieurs dénombrements concernant cette seigneurie.

Cette terre est encore aujourd'hui en la possession de la *famille Hémart,* qui l'a obtenue par alliances avec les *Bertin du Neufpré.*

Je n'ai pu faire remonter la généalogie des du Neufpré qu'à :

I. — Nicolas Le Brun, seigneur du Nœufpreys, vivant en 1560, allié à N.....

De ce mariage :

II. — Nicolas Le Brun, seigneur du Nœufpreys, marié à Aire en 1600, à Marie Manssart.

De cette alliance :

Philippe LE BRUN, seigneur du NŒUFFREY, avocat au Conseil d'Artois et échevin de la ville d'Aire.

III. — Pierre LE BRUN, seigneur du NŒUFFREY, marié à Aire, le 14 octobre 1634, à Françoise ACCART DU VICQUET, fille de Christophe, seigneur du VICQUET et échevin de la ville d'Aire, et de Jeanne LEFÉBURE D'AMBRICOURT, sœur d'ANTOINE, alliée, en 1627, à Marguerite HÉMART, fille de RENAUD.

De cette alliance :

Louis-Joseph LE BRUN, sieur du NŒUFFREY.

IV. — Jean LE BRUN, seigneur du NŒUFFREY, marié le 19 janvier 1669, à Jacqueline MAEQUERDE.

De ce mariage :

V. — Marie-Madeleine LE BRUN, dame du NŒUFFREYS, alliée, le 15 novembre 1682, à Jean BERTIN, à Aire.

De cette alliance :

VI. — Antoine-Ignace BERTIN DU NEUFPRÉS, marié, le 3 septembre 1698, à Marie-Barbe BEUGIN.

De cette alliance :

VII. — Antoine-Ignace BERTIN, seigneur du NEUFPRÉS, échevin, receveur des domaines du Roi et lieutenant-mayeur de la ville d'Aire, marié en cette ville en 1714, à Marie-Célestine HÉMART, fille d'ADRIEN, bailli de Thérouanne, receveur des Etats d'Artois et échevin de la ville d'Aire, et de Françoise-Thérèse FOUACHE, fille d'Antoine, décédée à Béthune.

De ce mariage :

ADRIEN-IGNACE, mort à Aire, en bas âge.

VIII.— DOMINIQUE-FLORENT, seigneur du NEUFPRÉ, avocat au Conseil d'Artois
et échevin de la ville d'Aire, mort à Aire, le 15 novembre 1750.

   3. Barthélemi BERTIN DU NEUFPRÉ, chanoine régulier de l'abbaye de
Clairmarais.

   4. THÉRÈSE-BRIGITTE, *dame* de LA MOTTE, mariée, en 1747, à messire
Jean-Albert HÉMART, chevalier de l'Ordre royal et militaire de Saint-
Louis, capitaine du régiment de Montmorin, morte à Aire, en 1756.

(Voir la Généalogie de la famille HÉMART.)

   5. ANTOINE-CÉLESTIN-JOSEPH, religieux Jésuite, mort à Tournai, en 1802.

   6. MARIE BARBE, *dame* de LA COUTURE, morte à Aire, en 1753.

   7. MARIE-URSULE, religieuse.

   8. JEANNE-ISBERGUE-CHARLOTTE-CONSTANCE, *dame* de MALLAMBERT, décédée à Aire, le 5 mars 1817, âgée de 90 ans et 5 mois.

FRAGMENT GÉNÉALOGIQUE

de la famille

FOUACHE

I. — Pierre FOUACHE, sieur de VIGNACOURT EN BLARINGHEM, et bailli de l'avouerie de Thérouanne, allié à Marie DAMAN, sœur de Jacques DAMAN, allié à Marguerite WOORM, vers l'année 1600.

De cette alliance :

II.— Antoine FOUACHE, échevin de la ville d'Aire, allié à Marie-Anne LE CLERCQ, fille de NICOLAS et de Marguerite DE LA PIERRE.

   2. Marie FOUACHE, alliée à Adrien HÉMART, sieur de SAINT-GERMAIN, et bailli de La Comté, fils de RENAUD, en 1634.

(Pour continuer la filiation, voir la Généalogie de la famille HÉMART.)

   3. Marie-Anne FOUACHE, alliée à Philippe-François GARSON, licencié ès-lois en la ville d'Aire.

III. — Jeanne-Isbergue FOUACHE, fille d'ANTOINE et de Marie-Anne LE CLERCQ, alliée à Eustache PATINIER, sieur du VAL, échevin à Aire et avocat au Conseil d'Artois.

De ce mariage :

1. Jeanne-Isbergue-Thérèse PATINIER, alliée à Louis-Ignace LE ROY DU BARDOUX, avocat au Conseil d'Artois et conseiller pensionnaire de la ville d'Aire, inhumé en la chapelle de la famille G. DE BOYAVAL, en l'église collégiale de Saint-Pierre.
2. Pierre-Eustache PATINIER, sieur du VAL, échevin de la ville d'Aire, allié à N.... REGNAULT.

I. — Etienne LE JOSNE, allié à Antoinette BARD.

De cette alliance :

1. Louise LE JOSNE, alliée à Jacques ROUSSEL.

De ce mariage :

Marguerite ROUSSEL, alliée à Louis GARSON.

De cette alliance :

Louis GARSON, conseiller du Roi, subdélégué de M. l'intendant, allié à Catherine-Françoise HECQUIN, à Aire.

De cette alliance :

Louis-André GARSON DE BOYAVAL, allié à N.... LE ROY DU BARDOUX, avec postérité.

2. Jeanne LE JOSNE, allié à Mathieu DE LA PIERRE.

De cette alliance :

Marguerite DE LA PIERRE, alliée à Nicolas LE CLERCQ.

De ce mariage :

AA. Jeanne-Isbergue LE CLERCQ, alliée à Pierre LE MERCHIER, écuyer, seigneur des FOEUILLIES. Il figura comme témoin au mariage d'Adrien HÉMART, échevin de la ville d'Aire, en 1684.

BB. Marie-Anne LE CLERCQ, alliée à Antoine FOUACHE, échevin de la ville d'Aire.

De cette alliance :

A. Jeanne-Isbergue FOUACHE, alliée à Eustache PATINIER, sieur du VAL.

De ce mariage :

a. Pierre-Eustache PATINIER DU VAL, échevin de la ville d'Aire, allié à N.... REGNAULT.

b. Jeanne-Isbergue PATINIER DU VAL, alliée à Louis-Ignace LE ROY DU BARDOUX, avocat au Conseil d'Artois et conseiller pensionnaire de la ville d'Aire; mort en cette ville en 1747.

B. Françoise-Thérèse FOUACHE, mariée, en 1684, à Adrien HÉMART, échevin de la ville d'Aire, receveur des Etats d'Artois et bailli de Thérouanne, mort à Aire, en 1727.

De cette alliance :

a. Augustin HÉMART, mort en bas âge.

b. Marie-Célestine HÉMART, mariée, en 1714, à Aire, à Antoine-Ignace BERTIN, seigneur du NEUFPRÉ, échevin, receveur des domaines du Roi et lieutenant-mayeur de la ville d'Aire; morte en 1757. Son mari y décéda en 1774. Ils furent tous deux inhumés dans l'église Notre-Dame.

(Pour continuer la filiation, voir plus haut, Généalogie de la famille HÉMART.)

FRAGMENT GÉNÉALOGIQUE

de la famille

DE CARDEVACQUE

Très ancienne famille noble, originaire d'Artois.

Le premier auteur connu de cette maison est Gérard KARDEVACKE, qui vivait en 1240. Huart KARDEVACKE, son fils, tenait la charge de sergent d'armes du Roi en 1249, selon les mémoires généalogiques de dom. Le Pez, et l'on sait que les sergents d'armes du Roi au XIIIᵉ siècle appartenaient au corps de la noblesse. On trouve ensuite Adam DE CARDEVACKE, gouverneur de Bapaume et grand-bailli de Cambrai; Ferdinand DE CARDEVACQ, jurisconsulte célèbre; François-Dominique DE CARDEVAC, marquis d'HAVRINCOURT, colonel du régiment d'Artois, gouverneur héréditaire d'Hesdin, député des Etats d'Artois pour le corps de la noblesse, en 1697, 1722, 1732; Louis DE CARDEVAC, chevalier, marquis d'Havrincourt, conseiller d'Etat d'épée, lieutenant-général des armées du Roi, ambassadeur de Louis XV en Hollande et en Suède; Charles-Gabriel-Dominique DE CARDEVAC, marquis d'Havrincourt, bailli, grand'croix de l'Ordre de Malte en 1783; Charles-François DE CARDEVAC DE GOUY, dit l'Abbé d'Havrincourt, évêque de Perpignan; Anne-Gabriel-Pierre DE CARDEVAC, chevalier, marquis d'Havrincourt, colonel au corps des grenadiers de France, mort lieutenant-général. La maison DE CARDEVACQUE a joui des honneurs de la Cour et a fourni plusieurs chevaliers de Malte.

ARMES : d'hermine au chef de sable.

(Armorial d'Artois, page 290.)

ALLIANCES avec les DE BÉTHISY, DE BLONDEL, DE CHABANNES, DE LA MYRE, HÉMART DU NEUFPRÉ, LIOT DE NORTBÉCOURT, LA MOTTE-BARAFLE, D'OSMOND, DE GRENET, DE GERGY, DE CASTERAS, DE MORTEMART, DE PRUDHOMME D'AILLY, DE RUBEMPRÉ, DE SAINT-VENANT, DE SUCRE, DE THIEULAINE.

Mes documents ne remontent qu'à :

I. — Michel DE CARDEVACQUE, écuyer, allié à Isabelle GAMAND.

De ce mariage :

1. Messire Jean-Antoine-François-Balthazar DE CARDEVACQUE, prêtre licencié de la Faculté de théologie de Paris, chanoine de l'église cathédrale d'Arras.
2. Nicolas DE CARDEVACQUE, avocat en Parlement en la ville de Saint-Omer, allié à Marie-Françoise-Thérèse DE CARDEVACQUE.
3. Marie-Madeleine-Ursule DE CARDEVACQUE.

II.—4. Michel-Joseph-Ignace DE CARDEVACQUE, écuyer, seigneur de WANDELI-COURT, WALLON-CAPPEL, échevin juré au Conseil de la ville de Saint-Omer, marié, en 1754, à Marie-Joseph OGIER, fille de PHILIPPE-JOSEPH, sieur de BAUBREL, et de *dame* Marie-Joseph FAULCONNIER.

De cette alliance :

1. Antoine-François-Ferdinand DE CARDEVACQUE, religieux de la Compagnie de Jésus.
2. Marie-Scholastique-Joseph DE CARDEVACQUE, mariée, en 1778, à Maximilien-Antoine-Albert-Joseph HÉMART, seigneur du NEUFPRÉ et autres lieux, échevin de la ville de Saint-Omer, fils de *messire* JEAN-ALBERT, chevalier de l'Ordre royal et militaire de Saint-Louis, capitaine des grenadiers du régiment de Montmorin.
(Voir la famille HÉMART, pour la filiation.)
3. Agnès-Augustine-Isabelle-Joseph DE CARDEVACQUE, décédée à Saint-Nicolas-sur-l'Aa, en 1808.

III.—4. Michel-Joseph-François-Ferdinand DE CARDEVACQUE, écuyer, allié à
Alexandrine WILLIART, décédée à Arras, en 1862.

De ce mariage :

A. Florent DE CARDEVACQUE.
B. Virginie DE CARDEVACQUE, alliée à Edouard WATTRINGUE.

De cette alliance :

Jules et Alixe WATTRINGUE.

C. Charlotte DE CARDEVACQUE, alliée à Charles BUISSART.

De cette alliance :

Odette et Berthe BUISSART.

D. Paul DE CARDEVACQUE.
E. Agathe DE CARDEVACQUE, alliée à N.... PAYEN.
F. N.... DE CARDEVACQUE, alliée à N... VERDEVOYE.
G. Clémentine DE CARDEVACQUE, alliée à N... BONIFACE.

De cette alliance :

Anatole et Lucie BONIFACE.

H. Aimé DE CARDEVACQUE, allié à Camille NORMAN.

De cette alliance :

AA. Adolphe DE CARDEVACQUE, allié à N.... COT.
BB. Marie-Thérèse-Alexandrine DE CARDEVACQUE, mariée à Pierre-Augustin-
Joseph LIOT DE NORTBÉCOURT, fils de PIERRE.
(Pour la filiation, voir plus loin la Généalogie des LIOT.)

J. Alphonse-Ferdinand-Joseph DE CARDEVACQUE, marié à Aimée HÉMART, fille de
MICHEL-ALBERT-JOSEPH et d'Aimée WATTRINGUE.

De cette alliance :

AA. Deux enfants morts en bas âge.
BB. Isabelle DE CARDEVACQUE.
CC. Gaston-Guy-Michel DE CARDEVACQUE.

I. — François-Joseph OGIER, sieur de BAUBREL, bachelier en droit, échevin de la ville de Saint-Omer, marié à Jeanne-Claire WERBIER.

De ce mariage :

1. Philippe-Luc OGIER, conseiller du roi, et son procureur au bailliage et siége présidial de Flandre.
2. François-Joseph OGIER, sieur du BRAY.

II.—3. Philippe-Joseph OGIER, sieur de BAUBREL, marié, en 1728, à Marie-Joseph FAULCONNIER.

De ce mariage :

A. N.... OGIER, marié à N.... TAFFIN, avec postérité.
B. Marie-Joseph OGIER, mariée en 1754, à Saint-Omer, à messire Michel-Joseph-Ignace DE CARDEVACQUE, écuyer, seigneur de WANDELICOURT, et échevin de la ville de Saint-Omer.

De cette alliance :

Marie-Scholastique-Joseph DE CARDEVACQUE, alliée, en 1778, à Maximilien-Antoine-Albert Joseph HÉMART, seigneur du NEUFPRÉ et échevin de la ville de Saint-Omer.

(Pour la suite de la filiation, voir ci-contre la Généalogie de la famille HÉMART.)

I. — N.... FAULCONNIER, allié à N....,

De ce mariage :

II.— 1. Pierre FAULCONNIER, écuyer, grand-bailli héréditaire de la ville et territoire de Dunkerque, allié à Marie-Madeleine HENDERYCKSEN, mort en 1674.

De ce mariage :

Pierre FAULCONNIER, grand-bailli héréditaire des ville et territoire de Dunkerque,
président de la Chambre de commerce de cette ville, marié à Anne LE BOISTEL.

2. Denis FAULCONNIER, allié à Anne VAN DER RUYER.

De ce mariage :

A. Jean-Baptiste FAULCONNIER.
B. Denis-Pierre FAULCONNIER, conseiller de la Chambre de commerce de la ville de
Dunkerque, commissaire de Sa Majesté le roi de Danemarck, marié à Marie-
Marguerite CARDON, le 30 septembre 1690.

De ce mariage :

AA. Joachim-Benoît FAULCONNIER.
BB. Anne-Marie-Madelaine FAULCONNIER.
CC. Marie-Joseph FAULCONNIER, mariée, en 1728, à Philippe-Joseph OGIER,
sieur de BAUBREL.

De ce mariage :

A. Mademoiselle N... OGIER, mariée à Saint-Omer, à M... TAFFIN,
écuyer, seigneur du BROEUCQ et autres lieux.

De cette alliance :

N.... TAFFIN DU BROEUCQ..... marié à....

De ce mariage :

M... TAFFIN DU BROEUCQ, marié à demoiselle.... DE LA FORGE,
avec postérité.

B. Marie-Joseph OGIER, fille de PHILIPPE-JOSEPH, mariée en la ville de
Saint-Omer, le 28 janvier 1754, à noble homme Michel-Joseph-
Ignace DE CARDEVACQUE, écuyer, seigneur de Wallon-Cappel, Wan-
delicourt, etc., échevin juré au Conseil de ladite ville de Saint-Omer.

(Pour continuer la filiation, voir ci plus haut le fragment généalogique de la famille DE CARDEVACQUE, et la
Généalogie de la famille HÉMART.)

DE WANDONNE

Très ancienne famille noble, originaire d'Artois, tirant son nom de la terre seigneuriale DE WANDONNE, près de Fauquembergue, aussi illustre par ses alliances que par ses services.

Plusieurs seigneurs de cette maison se sont illustrés dans les guerres du XIIIe et XIVe siècle, et ont pris alliance avec les plus anciennes maisons d'Artois et du Boulonnais.

Cette famille, qui deux fois s'est alliée à la famille HÉMART, s'est éteinte en 1848, en la personne de Philippe-Xavier-Joseph DE WANDONNE DE MONTHUREL, décédé sans héritier direct, en son château de Verchin, près Fruges, et a possédé les seigneuries de WAILLY, d'AVESNES, de MONTHUREL, de VERCHIN, et d'autres fiefs non moins importants situés en Artois.

Les DE WANDONNE portaient pour armes : de sable à trois fasces d'argent, chargées d'un quartier de sinople au lion d'or.

(Armorial des maisons nobles de France, p. 447.)

Il m'a été impossible de dresser la généalogie de la famille DE WANDONNE, car les documents nécessaires m'ont totalement manqué. Je donne ci-après les seuls renseignements qui m'ont été communiqués par Mme DE WANDONNE DE MONTHUREL, née DE SARS, et par M. WARNIER DE WAILLY.

Alain DE WANDONNE, chevalier, tué à Azincourt en 1415.

(Voir P. Roger, page 174, *Bataille d'Azincourt.*)

Lyonnel DE WANDONNE, chevalier, assista aux joûtes et tournois d'Arras en 1423.

(Voir P. Roger, page 64.)

Guy DE WANDONNE, allié à Catherine DAUSQUE, en 1528.

Lyonnel DE WANDONNE, allié à Françoise DE LA DIENNÉE, en 1550.

Philippe DE WANDONNE, allié à Anne-Joseph HIBON DE FROHEN, d'une illustre famille du Boulonnais, en 1574.

Hugues-Louis DE WANDONNE, marié à Catherine LEFEBVRE, en 1594.

Pierre-Antoine DE WANDONNE, marié à Eléonore DE WAUSSEY, en 1612.

Jean DE WANDONNE, marié à Marguerite ROGIER D'HOUDEAUVILLE, en 1689.

Philippe-Joseph DE WANDONNE, marié en 1724, en premières noces, à Thérèse D'AMÉLICANT, et, en deuxièmes noces, à Jeanne-Marguerite-Joseph GAUTRANT, en 1729.

Du second mariage :

1. Philippe-Joseph DE WANDONNE, né le 24 mai 1730, mort au château de Verchin, le 24 septembre 1773.

2. Marie-Barbe-Félicité DE WANDONNE, née le 4 juin 1731, morte à Aire, le 1er juin 1802, inhumée dans le cimetière de Saint-Quentin lez-Aire.

3. François-Joseph DE WANDONNE DE WAILLY, avocat au Conseil d'Artois, conseiller du Roi, trésorier des Etats d'Artois, né le 11 septembre 1732, marié le 9 janvier 1769, à Marie-Antoinette-Célestine-Joseph HÉMART, fille de messire JEAN-ALBERT, chevalier de l'Ordre royal et militaire de Saint-Louis, capitaine d'infanterie, et de dame Thérèse-Brigitte BERTIN DE LA MOTTE, décédé à Aire, le 8 avril 1781.

4. Marie-Marguerite-Rosalie DE WANDONNE, née le 28 février 1734, morte en célibat à Aire, le 23 novembre 1812, inhumée derrière le chœur de Saint-Quentin lez-Aire.

5. Joseph-Xavier DE WANDONNE DE MONTHUREL, né le 2 janvier 1736, marié le 2 juillet 1770, à Marie-Françoise-Rosalie LE ROY DU BARDOUX, fille de ALBERT-JOSEPH, écuyer, conseiller du Roi, substitut du procureur général au Parlement de Paris, et d'Elisabeth-Azelle WOORM DE BOMICOURT.

De cette alliance :

Philippe-Xavier-Joseph DE WANDONNE DE MONTHUREL, né en 1771, marié en 1801, à Charlotte-Joseph DE SARS, fille de VICTOR et de Claire DE BRIOIS DE NEULETTE, mort à Aire, en 1848.

6. Henriette DE WANDONNE, née le 8 juillet 1737, morte le 14 avril 1739.

7. Charles-Maurice DE WANDONNE D'AVESNES, avocat au Conseil d'Artois,

conseiller du Roi, receveur des Etats d'Artois, né le 9 novembre 1739, marié le 16 octobre 1781, à Marie-Barbe-Thérèse-Joseph HÉMART DE LA MOTTE, sœur de madame DE WAILLY, mort en émigration à Munster, le 22 avril 1800.

De ce mariage :

Jean-Albert-Maurice DE WANDONNE D'AVESNES, né à Aire, mort en émigration à Munster, le 4 avril 1799.

LIOT DE WALLE

Cette famille est fixée en Artois depuis plus de quatre siècles, et a toujours tenu rang parmi la noblesse de cette province. Elle s'est divisée en deux branches, dont l'aînée s'appelait LIOT DE GUZELINGHEM, et l'autre LIOT DE WALLE. Les LIOT ont possédé les seigneuries de GUZELINGHEM, de WALLE, d'EGLEGATTE, EUCHIN, BELLEFONTAINE, LIÉBART, MAUGRÉ, MARESQUEL, NORTBÉCOURT, WINCOURT, WITTRENES, etc.; se sont alliés aux familles des plus anciennes de la province d'Artois, et ont rempli à Saint-Omer les charges les plus honorables, telles que celles d'échevin, trésorier, conseiller pensionnaire, conseiller du Roi.

Cette famille a obtenu une confirmation de noblesse en 1677, a fourni plusieurs capitaines aux gardes wallonnes, et un lieutenant-général des armées *du roi d'Espagne Philippe V.*

La généalogie de cette famille ne commence qu'à :

I. — Robert LIOT, vivant en 1421.

II. — Jean LIOT, écuyer, allié à Jeanne LE JONE, en 1421.

III.— Guilbert LIOT, écuyer, marié en 1451, à Léonore DE CALONNE.

De cette alliance :

Solente LIOT, religieuse aux Dames nobles de l'abbaye de Messines.

IV.— Baudouin LIOT, écuyer, marié à Jeanne DE CARON.

De ce mariage :

V. — Nicolas LIOT, écuyer, marié à Aldegonde DE SURQUES.

De ce mariage :

A. Léonore LIOT, mariée à Crespin D'AVEROULT.
B. Marie LIOT, mariée à Hector DE FERNACLES.
C. Agnès LIOT, alliée à Pierre AFFRINGUE, seigneur de WUALLEN.

VI.— Lancelot LIOT, écuyer, sieur du SARTEL, allié à Agnès de GOUY.

De ce mariage :

VII. — Thomas LIOT, écuyer, marié en premières noces à Jeanne MAHIEU, et en secondes noces à Marguerite de MONCHEAUX.

De ce mariage :

A. Jeanne LIOT.

VIII. — B. Nicolas LIOT, écuyer, fils aîné de THOMAS et de dame Jeanne MA-HIEU, d'après partages du 10 juin 1527, 2 mars 1544 et 10 dé-cembre 1542, fut allié en premières noces à Martine CAULIN, et en secondes noces à Claire LAMBRECTH, d'après les contrats de 1570, 1571 et 1585.

C. Jean LIOT, écuyer, est dit frère cadet de NICOLAS, par partages du 10 juin 1527 et 2 mars 1544, et fut allié à Antoinette DE LA CAURIE, fille de JEAN et de Marie DE BÉTHENCOURT, d'après actes du 8 décembre 1549.
(Voir plus bas leur descendance.)

1. Thomas LIOT, écuyer, fils de NICOLAS et de Martine CAULIN, fut allié à Marguerite DE HAVERSKERQUE, fille de PIERRE, écuyer, gouverneur de la Motte-aux-Bois.

2. Marguerite Liot, fille de Nicolas, écuyer, et de Martine Caulin, fut
allriée à Mathieu Boulenger, écuyer.

De ce mariage :

Marie Boulenger, mariée à Jean Van der Vostine, écuyer, échevin de la ville de
Saint-Omer.

De ce mariage :

     aa. Mathieu Van der Vostine, marié à Marguerite Deschamps.
     bb. Marguerite Van der Vostine, alliée à Lambert de Hégues, écuyer, fils de
        Pierre, écuyer, déclaré noble par sentence du 17 novembre 1612.

De ce mariage :

      a. Philippe de Hégues, écuyer, seigneur de Gasquin, allié à N .. de
        Wachel.
      b. Charles de Hégues, écuyer.

IX. — Nicolas Liot, écuyer, seigneur de Guzelinghem, fils de Nicolas et de
Claire Lambrecth, allié à Catherine Tardieu, fille de Pierre, écuyer, d'après
son contrat de mariage du 20 juin 1568.
    Marant Liot, écuyer, fils de Nicolas et de Claire Lambrecth.

    A. Jean Liot, écuyer, fils de Nicolas, et de Catherine Tardieu, allié à Marie
       Lescantillon.
    B. Laurent Liot, écuyer, fils de Nicolas, et de Catherine Tardieu.
    C. François Liot, écuyer, licencié ès-droit, frère de Laurent.

X. — Louis Liot, écuyer, seigneur de Guzelinghem, fils de Nicolas et de Catherine Tardieu, fut allié à Chrétienne Pignon, d'après les registres du Saint-
Sépulcre, à Saint-Omer, du 9 juin 1735.

De ce mariage :

1. Louis-Clément Liot, écuyer, sieur du Liebart, mort à marier.
2. Marie-Françoise et Françoise-Thérèse Liot.
3. Claire Liot, mariée à Jacques Liot, écuyer, le 16 avril 1740; ont eu trois
enfants, morts en bas âge.

XI.— Pierre-Ferdinand LIOT, écuyer, seigneur de GUZELINGHEM, marié le 12 septembre 1682, à Jeanne-Anne-Barbe LEMAIRE, fille de LOUIS, écuyer, sieur de SOMAL.

De ce mariage :

1. Balthazar LIOT, écuyer, sieur du LIÉBART.
2. Jacqueline-Thérèse LIOT.
3. Père Jérôme LIOT, carme déchaussé, mort à Lille.
4. Bonaventure LIOT, carme déchaussé.
5. Jeanne-Françoise LIOT, religieuse pénitente.
6. Anne-Thérèse LIOT, religieuse de Sainte-Catherine, à Saint-Omer.
7. Marie-Ursule-Joseph LIOT.

XII.— Jacques-Philippe-Joseph LIOT, écuyer, seigneur de GUZELINGHEM, marié à Isabelle-Christine DE SAINT-VAST, fille de FRANÇOIS, écuyer, seigneur de FONTENELLE, et de Isabelle-Geneviève de LA VACHERIE.

De ce mariage :

1. Isabelle-Christine LIOT.
2. Marie-Joseph LIOT, religieuse conceptioniste à Saint-Omer.
3. Marie-Françoise-Joseph LIOT.
4. Félicité-Bonaventure LIOT, religieuse de Sainte-Catherine.
5. Julie-Françoise-Restitude LIOT.
6. Joseph-Charles LIOT.

XIII.— Nicolas-Ferdinand-Joseph LIOT, écuyer, sieur du LIÉBART.

Branche LIOT DE WALLE

VIII.— Jean LIOT, écuyer, allié à Antoinette DE LA CAURIE.

De ce mariage :

1. Jeanne LIOT, dame d'EGLEGATTE, fut alliée à Paul CASTELAIN.

De ce mariage :

Suzanne CASTELAIN, alliée à Antoine DE LA FOLIE.

2. Nicolas LIOT, écuyer, allié à N... DE ZURLIS.

IX.— Thomas LIOT, écuyer, licencié ès-lois, conseiller du roi au bailliage de Saint-Omer, bailli général de l'abbaye de Saint-Bertin, marié, le 15 avril 1550, à Antoinette MAILLET, fille de N..., écuyer.

De ce mariage :

1. Thomas LIOT, écuyer.
2. Antoinette LIOT, alliée à Jacques DE SAULTY, seigneur de PRÉMESART.

De cette alliance :

Philippe DE SAULTY, écuyer, allié à N... DE GOSSON.

3. Gérard LIOT, écuyer, licencié ès-lois, syndic de la ville de Saint-Omer, marié à Jeanne CREUSE, par partages du 16 janvier 1585 et 25 octobre 1589.

De ce mariage :

Jean LIOT, écuyer, marié à Antoinette BONVOISIN, fille de JEAN, échevin de la ville de Saint-Omer, fils de GÉRARD.

X. — Jean LIOT, écuyer, échevin de la ville de Saint-Omer, marié à Marie BONVOISIN, le 24 février 1585, fille de JEAN, échevin de la ville de Saint-Omer.

De ce mariage :

1. Dominique et Charles LIOT, écuyers, morts jeunes.
2. Anne et Suzanne LIOT.
3. Sire Philippe LIOT, religieux de Saint-Bertin.
4. Père Gérard LIOT, jésuite; père Godefroy LIOT, capucin.

5. Père Jérôme LIOT, carme déchaussé.
6. Père Basile LIOT, provincial des carmes déchaussés, mort en odeur de sainteté.
7. Antoinette LIOT, mariée à Jean DES CORDES, échevin de Saint-Omer.

De ce mariage :

A. Philippe-Bertin DES CORDES, avocat et échevin de la ville de Saint-Omer, fut allié à Françoise-Thérèse LE CLAIR.
B. Marie-Madelaine DES CORDES, alliée à Louis WISSERY, avocat et échevin de Saint-Omer. -

De ce mariage :

AA. N.... WISSERY, morte à marier.
BB. Jean-François WISSERY, prêtre chanoine de l'église de Saint-Omer.
CC. Gérard WISSERY, échevin de Saint-Omer, fut allié à Isabelle-Louise-Hyacinthe ENLART, fille de PHILIPPE, avocat et échevin de Saint-Omer.

XI.— Jean LIOT, écuyer, échevin et trésorier de la ville de Saint-Omer, marié, le 10 décembre 1619, à Anne WARAN.

De ce mariage :

1. Marie-Austreberthe LIOT, religieuse de l'abbaye de Ravensberg.
2. Pierre LIOT, écuyer, seigneur de N..., marié, le 3 janvier 1621, à Laurence FAULCONNIER, fille de PHILIPPE et de Marie BLAISE, sœur de Mgr BLAISE IV, évêque de Saint-Omer.

De cette alliance :

A. Jacques LIOT, prêtre.
B. Marie-Anne LIOT, décédée en célibat.

3. Christophe LIOT, écuyer, seigneur de WALLE, allié à Catherine COCUGNET, d'après les registres de la paroisse de Saint-Denis, à Saint-Omer.

De cette alliance :

A. Jean Liot, prêtre, seigneur DE MENCA.
B. Adrien Liot, écuyer.
C. Pierre-Joseph Liot, écuyer, religieux à l'abbaye de Vaucour.

4. La Mère de Saint-Augustin, dite Liot, religieuse urseline.
5. Dampt-Thomas Liot, religieux à l'abbaye de Clairmarais.
6. Jean-Baptiste Liot, religieux dominicain.
7. Louis Liot, écuyer, seigneur d'Eglegatte, conseiller pensionnaire de la ville de Saint-Omer, d'après les registres de Saint-Denis, du 22 mars 1617, fut allié à Marguerite Delebeque, fille de Philippe, écuyer, seigneur du Frémet et conseiller au Conseil d'Artois, et de Léonore Le Bourgeois.

De cette alliance :

A. Jacques-Bernard Liot, écuyer, seigneur d'Eglegatte, né le 14 février 1650, marié en premières noces à Marguerite-Antoinette Vaillant, fille de François, conseiller au Conseil d'Artois, le 15 janvier 1675 ; et en secondes noces, à Marguerite-Françoise de Cuinghien, fille de Philippe, écuyer, seigneur de Siracourt, le 8 novembre 1703.

Du premier lit :

AA. Clémence-Marie-Austreberthe Liot.
BB. Françoise-Joseph-Gertrude Liot, religieuse de Sainte-Catherine, à Saint-Omer.
CC. Marguerite-Jeanne Liot.
DD. Jeanne-Angéline-Marguerite Liot.
EE. Messire Nicolas-Joseph-Dominique Liot, seigneur d'Eglegatte, prêtre chanoine, gradué noble, et grand-pénitencier de Saint-Omer.
FF. Théodore-Albert Liot.
GG. Jacques-François et Bernard-Eugène Liot, écuyers.
HH. Messire Mathias Liot, marquis d'Escampeaux, colonel au service de Philippe V, roi d'Espagne, capitaine de ses gardes-wallonnes.
II. Messire Louis-François-Ignace Liot, marquis de Liot, lieutenant-général des armées de Philippe V, roi d'Espagne.
JJ. Antoine-Joseph Liot, écuyer, seigneur de Maugré, lieutenant au régiment de Picardie ; marié le 8 octobre 1707, à Agnès de Cuinghien, fille de Philippe, écuyer, seigneur de Siracourt.

De cette alliance :

Philippe-François-Joseph Liot, écuyer, seigneur de Wittrenes, marié le 3 juin 1732, à Marie-Thérèse-Augustine Petitpas, fille de messire Germain-François, chevalier, seigneur de Carnin, et de Marie-Joseph du Bois, dit de Hoves.

De cette alliance :

a. Marie-Françoise Liot, née à Aire en Artois, le 22 mars 1733, décédée en 1737.
b. Marie-Augustine-Alexandrine-Joseph Liot, née à Aire, le 3 avril 1734.

Du second lit :

AA. Charles-François-Maximilien Liot, écuyer, seigneur de Vincourt.
BB. Louis-Joseph Liot, écuyer, seigneur de Maresquel, lieutenant aux gardes-wallonnes.
CC. Dominique-François-Joseph Liot, écuyer, seigneur d'Houdrercoutre, sous-lieutenant aux gardes-wallonnes.
DD. Marie-Françoise-Joseph Liot de Vincourt.
EE. Ambroise-Joseph Liot.
Tous enfants de Jacques-Bernard et de Marguerite-Françoise de Cuinghien.

B. Sœur Léonore Liot, religieuse de Sainte-Catherine, à Saint-Omer.
C. Balthazar et Denis Liot, écuyers.
D. Sœur Cécile Liot, religieuse pénitente à Saint-Omer.
E. Père Louis Liot, carme déchaussé.
F. La mère Saint-Pierre Liot, religieuse urseline à Abbeville.

XII.— Jacques Liot, écuyer, secrétaire des Etats d'Artois, marié : 1º le 14 avril 1640, à Claire Liot, fille de Louis, écuyer, seigneur de Guzelinghem; 2º à Françoise de Calonne, le 18 juin 1644.

De ce mariage :

1. Sire Maximilien Liot, grand-prieur de l'abbaye de Saint-Bertin.

2. Père Basile LIOT, carme déchaussé.

3. La Mère des Séraphins, dite LIOT, religieuse urseline à Abbeville.

XIII.— Jacques-Dominique LIOT, écuyer, seigneur de WALLE, marié, le 5 janvier 1679, à Claudine-Gertrude-Dominique VANDOLRE, fille de THOMAS, écuyer, conseiller au Conseil d'Artois, et de Marguerite BOUCAULT.

De ce mariage :

1. Marie-Maximilienne LIOT DE WALLE.

2. Marie-Joseph LIOT D'EUCHIN.

3. Marie-Louise LIOT.

4. Marie-Barbe LIOT DE BELLEFONTAINE.

5. Messire-Thomas-Louis LIOT, seigneur de WALLE, chanoine gradué *noble* et doyen de l'église de Saint-Omer, fils de JACQUES-DOMINIQUE.

XIV.— Philippe-Ignace LIOT, chevalier, seigneur de WALLE et d'EUCHIN, capitaine au régiment de Rohan-Rochefort, chevalier pensionnaire de l'Ordre royal et militaire de Saint-Louis, marié, le 29 janvier 1748, à Marie-Alexandrine-Restitude DE WISSERY, fille de CHARLES-ROBERT, seigneur de LEULEN-COURT, et d'Isabelle-Louise-Hyacinthe ENLART.

De ce mariage :

1. Marie-Philippine-Louise-Cécile LIOT DE NORTBÉCOURT, mariée à messire Alexandre-Constant DORESMIEULX, chevalier, seigneur de WATTINE, capitaine des grenadiers au régiment d'Auxerrois, chevalier de Saint-Louis.

XV.— 2. Messire Augustin-Thomas-Joseph LIOT, écuyer, seigneur de WALLE et de NORTBÉCOURT, noble vassal de la cour de Cassel, mousquetaire de la maison du Roi et chevalier de l'Ordre royal et militaire de Saint-Louis, marié à Marie-Anne-Thérèse LENGLÉ DE SCHOEBEQUE, décédée à Saint-Omer, en 1832.

De cette alliance :

Pierre-François-Augustin-Joseph-Aimé Liot de Nortbécourt, né à Cassel, marié à Thérèse-Louise Enlart de Guémy, fille de

XVI. — Thomas-Alexis-Joseph et de Louise-Claire-Joseph de Pan de Wisques [1], le 15 mai 1811.

De ce mariage :

1. Alfred Liot de Nortbécourt.
2. Louis-Edmond-Marie Liot de Nortbécourt, né en 1813, marié, en 1854, à Reine-Marie-Camille Pol.

De cette alliance :

A. N... Liot de Nortbécourt.
B. Edmond-Marie-Joseph Liot de Nortbécourt.
C. Emmanuelle-Marie-Thérèse Liot de Nortbécourt.
D. N... Liot de Nortbécourt.

3. Louise-Adélaïde Liot de Nortbécourt, née en 1814.
4. Clémence-Claire-Dominique Liot de Nortbécourt, née en 1817, mariée à Jean-François-Nicolas Frohard de Lamette.

De cette alliance :

A. Isabelle Frohard de Lamette.
B. Ernest Frohard de Lamette.
C. René Frohard de Lamette.
D. Marie Frohard de Lamette.

5. Marie-Thérèse-Louise Liot de Nortbécourt, née en 1820, mariée, le 26 octobre 1841, à Alphonse-Augustin-Joseph Hémart du Neufpré.

---

[1] La famille de Pan de Wisques portait pour armes : « De sinople, au chevron d'or, accompagné de trois têtes de paon de même. » Cet écusson se voit encore très bien aujourd'hui au-dessus de l'entrée principale du château de Wisques.

De cette alliance :

Alfred HÉMART DE NEUFPRÉ, mort le 1ᵉʳ mai 1852.

6. Emma LIOT DE NORTBÉCOURT.
7. Pierre-Augustin-Joseph LIOT DE NORTBÉCOURT, né le 22 août 1822, marié, le 3 janvier 1854, à Marie-Thérèse-Alexandrine DE CARDEVACQUE.

De cette alliance :

A. Robert-Augustin-Joseph LIOT DE NORTBÉCOURT.
B. Thérèse-Marie-Joseph LIOT DE NORTBÉCOURT.
C. Camille-Louise-Marie-Joseph LIOT DE NORTBÉCOURT.
D. Emile-Louis-Marie-Joseph LIOT DE NORTBÉCOURT.
E. Auguste LIOT DE NORTBÉCOURT, né en 1862.

8. Léonie LIOT DE NORTBÉCOURT.
9. Lucie-Charlotte-Cécile LIOT DE NORTBÉCOURT.
10. Aglaé-Mathilde LIOT DE NORTBÉCOURT, mariée à Charles CORTYL DE WYSTHOVE.

De ce mariage :

Marthe Marie-Thérèse CORTYL DE WYSTHOVE.

II.— Adélaïde-Marie-Augustine LIOT DE NORTBÉCOURT, fille d'AUGUSTIN-THOMAS-JOSEPH, écuyer, et de Marie-Anne-Thérèse LENGLÉ DE SCHOEBEQUE, née au château d'Oxelaere, le 12 août 1786, mariée, le 3 avril 1806, à Charles-Jean-Baptiste HÉMART, fils de MAXIMILIEN-ANTOINE-ALBERT-JOSEPH, seigneur du NEUFPRÉ, échevin de la ville de Saint-Omer, et de Marie-Scholastique-Joseph DE CARDEVACQUE.

De cette alliance :

1. Adélaïde HÉMART, décédée en 1822.
2. Alphonse-Augustin-Joseph HÉMART DU NEUFPRÉ, marié, en 1841, à Marie-Thérèse-Louise LIOT DE NORTBÉCOURT, mort à Manheim, le 11 août 1853.

De ce mariage :

Alfred HÉMART DU NEUFPRÉ, décédé le 1er mai 1852.

3. Félix-Albert HÉMART DU NEUFPRÉ, marié, en 1836, à Nathalie-Louise-Joseph HÉMART.

(Voir la Généalogie de la famille HÉMART, pour continuer la filiation.)

III.— Marie-Julie-Louise-Constance LIOT DE NORTBÉCOURT, fille d'AUGUSTIN-THOMAS-JOSEPH, écuyer, et de Marie-Anne-Thérèse LENGLÉ DE SCHOEBEQUE, fut alliée à Dominique-Jean-François MOREEL [1], fils de DOMINIQUE-ANTOINE et de Marie-Anne-Françoise LANGHETÉE DE GHYVELDHOVE.

De ce mariage :

1. Marie-Noémie MOREEL, mariée, le 16 juillet 1834, à Edouard-Etienne MARCOTTE.

De cette alliance :

A. GUSTAVE, décédé.
B. PHILIBERT-DOMINIQUE-HENRI, né le 1er mars 1839.
C. ELISE-MARIE-NOÉMIE, née le 24 mars 1848.
D. SIDONIE-HENRIETTE-MARIE-GÉORGINE, née le 14 mai 1850.
E. CLOTILDE-MARIE-LOUISE-OMÉRINE-NOÉMIE, née le 20 février 1852.

2. Sidonie-Louise-Marie MOREEL, née à Cassel, mariée, le 2 août 1837, à Pierre-Michel-Albert-Joseph HÉMART, fils de MICHEL-ALBERT-JOSEPH et de Marie-Guislaine-Aimée WATTRINGUE.

De cette alliance :

Frédéric HÉMART, décédé à Cassel.

(1) Adrien MOREEL, marié à Guillemette DE BESIGER, père de Jean-Baptiste MOREEL, marié à Marie-Anne DE HAEMS, père de Louis-Dominique MOREEL, collégial de la Cour de Cassel, allié à Marie-Jeanne CHIEUX, père de Dominique-Antoine MOREEL, marié à Marie-Anne-Françoise LANGHETÉE DE GHYVELDHOVE.

3. Clotilde MOREEL.
4. Victor MOREEL, décédé à Paris en 1847.
5. Pauline MOREEL, née à Cassel en 1827, y décédée le 5 janvier 1835.

VI. — Constance-Marie-Alexandrine-Sophie LIOT DE NORTBÉCOURT, fille d'AU-
GUSTIN-THOMAS-JOSEPH et de Marie-Anne-Thérèse LENGLÉ DE SCHOEBEQUE,
fut alliée à Nicolas-Joseph MACQUART DE TERLINES, fils d'HENRI-FÉLIX et de
Marie-Anne-Joseph SCHOONEHEERE.

De ce mariage :

1. Louis-Félix-Marie MACQUART DE TERLINES, né en 1815, marié à Eulalie-
Marie VANDAMME, avec postérité.
2. Henriette-Victorine-Marie MACQUART DE TERLINES, née en 1821, mariée,
le 12 novembre 1844, à Charles-Auguste-François VANDEMPEEREBOOM,
avec postérité.

LENGLÉ DE SCHOEBEQUE

La famille LENGLÉ est originaire de Steenvoorde et s'est divisée en deux branches dont l'aînée s'appelait LENGLÉ DE SCHOEBEQUE, et l'autre LENGLÉ DE WESTOVER.

Elle s'est établie à Cassel vers le milieu du XVIIe siècle, où elle a rempli les charges les plus honorables et les plus importantes, telles que conseiller pensionnaire, subdélégué de l'intendant, subdélégué général de la Flandre maritime; en 1789, cette charge était remplie par Pierre-François LENGLÉ DE SCHOEBEQUE, écuyer, mort à Paris, sur l'échafaud révolutionnaire, en 1793.

Cette famille a aussi fourni un chevalier de Saint-Michel et un chevalier de Saint-Louis.

La généalogie de cette famille commence avec :

I. — Jacques LENGLÉ, fils de N.., né à Steenvoorde, marié à Antoinette CLÉTY.

De ce mariage :

Philippe LENGLÉ, né à Steenvoorde, le 22 février 1646.

II. — Isaac LENGLÉ, né à Steenvoorde, le 25 février 1647, décédé en 1673, marié à Jacqueline VAN EMPEL, fille d'Elie et de Marie HOOGHEERE.

De ce mariage :

1. Marie-Anne LENGLÉ, née à Steenvoorde, le 26 juin 1676.
2. Jacques-Denis LENGLÉ, né à Steenvoorde, le 12 octobre 1679.

III.— François-Antoine LENGLÉ, licencié ès-lois, conseiller et greffier pensionnaire de la cour, ville et châtellenie de Cassel, subdélégué de l'intendant, marié :
1º à Marie-Jeanne VAN EMPEL, fille de DOMINIQUE et de Jeanne WAELE ;
2º à Marie-Jeanne BROEDERS.

Du premier mariage :

1. Marie-Claire-Eugénie LENGLÉ, née à Cassel, décédée en 1784, à Bailleul.
2. François-Joseph LENGLÉ, né à Cassel, décédée en 1748, licencié ès-lois, collégial de la Cour de Cassel, marié à Pétronille-Marie RUCKEBUSCH, fille de MICHEL-FRANÇOIS, collégial, puis receveur général de la châtellenie de Cassel.

Du second mariage :

1. Louis-Ferdinand LENGLÉ, fils de FRANÇOIS-ANTOINE, licencié en théologie, recteur magnifique et président du collége Driutius, à Louvain.
2. Philippe-Hyacinthe LENGLÉ, chanoine de la collégiale de Saint-Pierre, à Cassel.
3. Marie-Cécile LENGLÉ, née et décédée à Cassel.

IV. — François-Joseph LENGLÉ, seigneur de SCHOEBEQUE, fils de FRANÇOIS-ANTOINE, licencié ès-lois, conseiller et greffier pensionnaire de la cour, ville et châtellenie de Cassel, subdélégué général de la Flandre maritime, nommé chevalier de l'Ordre de Saint-Michel en 1755, marié : 1º à Marie-Anne MAES, dame de SCHOEBEQUE, fille de PIERRE, conseiller pensionnaire de la ville de Bergues, et de Louise-Caroline VAN UYTLAETE ; 2º à Angéline TÈCLE DE GHYSELBRECHT, dame de BRAMHIL, fille d'HENRI, écuyer, seigneur de HAL-LEWARDE, STEELANDT, etc...., noble vassal de la cour de CASSEL, et de Marie-Angéline-Josephine VAN CAPPEL.

Du premier mariage :

1. François-Eugène LENGLÉ DE SCHOEBEQUE, chevalier de l'Ordre royal et militaire de Saint-Louis, colonel au corps royal du génie, mort à Quiberon, marié : 1º à N.... DE HAUTEVILLE ; 2º à Jonnie DAVID, fille de SALOMON, bourguemestre de la ville de Bergues. Sans postérité.
2. Marie-Françoise-Thérèse LENGLÉ, dame de MORIENCOURT, alliée à Pierre-Winoc DE HAU DE STAPLANDE, conseiller pensionnaire et subdélégué de l'intendant à Bergues.

De ce mariage :

A. Pierre-François-Winoc DE HAU DE STAPLANDE, né à Bergues en 1762, conseiller pensionnaire de la ville de Bergues, chevalier de la Légion-d'Honneur, membre de la Chambre des Députés et du Conseil général du Nord, marié le 29 octobre 1788, à Rose-Isabelle-Charlotte VERQUÈRE, fille de PIERRE-BERNARD, échevin de la ville et châtellenie de Bergues.

De ce mariage :

AA. Pierre DE HAU DE STAPLANDE, mort en bas âge.
BB. Marie-Rose DE HAU DE STAPLANDE.
CC. Louis-Henri-Armand DE HAU DE STAPLANDE, Député, membre du Conseil général, marié le 4 octobre 1820, à Adèle-Ernestine-Bernardine DU HAMEL DE CANCHY, fille de FRANÇOIS-EUGÈNE-JOSEPH et de Bernardine-Pétronille-Benoîte VERNIMMEN DE VINCKOF.
DD. Louis-Pierre-Aimé DE HAU DE STAPLANDE, né à Munster, en 1800, lieutenant aux dragons de la garde, sous la Restauration, chevalier de la Légion-d'Honneur, marié à Antoinette-Marie-Pauline LE CARON DE CHOQUEUSE.

De ce mariage :

A. Marie-Edith DE HAU DE STAPLANDE, décédée en 1828.
B. Marie-Pierre-Léon DE HAU DE STAPLANDE, sous-lieutenant de ligne, décédé en 1855.
C. Marie-Pauline DE HAU DE STAPLANDE, mariée le 18 février 1854, à Adolphe-Arthur SIRIEZ DE LONGEVILLE.
D. Marie-Auguste-Gérémie-Henri DE HAU DE STAPLANDE.
E. Marie-Auguste-Edith DE HAU DE STAPLANDE.
F. Delphine-Augustine-Dolorosa-Marie DE HAU DE STAPLANDE, née à

Bergues, le 8 janvier 1837, mariée le 20 juillet 1858, à Edmond-Marie-Alexandre vicomte DE BRANDT DE GALAMETZ.

B. Louis-Armand-Joseph-Constant DE HAU DE STAPLANDE, né le 18 juillet 1767, décédé en 1857, à Dunkerque, commissaire de guerre, marié à Marie-Thérèse-Dominique MOREEL , fille de DOMINIQUE-ANTOINE et de Marie-Anne-Françoise LANGHETÉE DE GHYVELDHOVE.

De ce mariage :

AA. Louis-Pierre-Michel DE HAU DE STAPLANDE, né à Bergues.
BB. Delphine-Clémentine-Marie DE HAU DE STAPLANDE , alliée à Louis-Eugène-Désiré DU HAMEL DE CANCHY.
CC. Marie-Euphrosine-Louise DE HAU DE STAPLANDE, née à Bergues, en 1807, mariée en 1825, à Maximilien-Stanislas-Joseph HERBOUT, fils de Maximilien-Jean-Baptiste-Joseph et de Françoise-Victoire MEURISSE DE SAINT-HILAIRE [1].
DD. Désiré-Louis-Dominique DE HAU DE STAPLANDE.

C. Marie DE HAU DE STAPLANDE, mariée à Bernard VERQUÈRE.
D. Louise DE HAU DE STAPLANDE , mariée à Bernard HERWYN.

3. Winoc-Marie-Joseph LENGLÉ DE WESTOVER.
(Voir page 48.)
4. Pierre-François LENGLÉ DE SCHOEBEQUE.
(Voir page 43, 47.)
5. Marie-Anne-Louise-Dorothée LENGLÉ, dame de HOFLANDT, née à Cassel, mariée à Pierre-Léonard DE CROESER, chevalier de l'Ordre royal et militaire de Saint-Louis, premier gentilhomme vicomtier de la Cour de Cassel, fils de Joseph DE CROESER, écuyer, échevin d'Ypres, chanoine, puis grand-prévôt de la cathédrale de Saint-Pierre, à Cassel, et de Thérèse VAN WEL; sans postérité.

V.— Pierre-François LENGLÉ, écuyer, seigneur de SCHOEBEQUE, du HOFLANDT, ZUYTPEENE , de SAINTE-ALDEGONDE-EN-OXELAERE , etc., conseiller au

---

1 La famille MEURISSE DE SAINT-HILAIRE porte pour armes : De gueules au chevron d'or, accompagné de trois roses d'argent, 2 et 1. (Annuaire de la Noblesse de France, par B. d'Hauterive.)

Parlement de Flandre, conseiller pensionnaire de la cour, ville et châtellenie de Cassel, subdélégué général de la Flandre maritime, mort sur l'échafaud en 1793, à Paris; il était fils de FRANÇOIS-JOSEPH et de Marie-Anne MAES; il fut allié à Marie-Antoinette BOEYE, fille de DENIS-PROSPER et d'Anne-Marie JOETS DE MONTIGNY.

De ce mariage:

1. Pierre-François LENGLÉ DE SCHOEBEQUE, célibataire.

VI.—2. Louis-Auguste-François-Denis LENGLÉ DE SCHOEBEQUE, conseiller au Parlement de Flandre à Douai, grand-maître des eaux et forêts du Hainaut, marié à Adélaïde-Marie-Thérèse CORNIL, fille de CHARLES, secrétaire et conseiller de roi au Parlement de Flandre, anobli par lettres du 27 janvier 1774, et de Marie-Joseph-Thérèse DU TOICT, veuve auparavant de N... VAN ZELLER, seigneur de SANTE.

De ce mariage:

Marie LENGLÉ DE SCHOEBEQUE, décédée à Paris, en 1847, alliée à Albert-Joseph DE LENCQUESAING; sans postérité.

3. Marie-Anne-Thérèse LENGLÉ de SCHOEBEQUE, fille de PIERRE-FRANÇOIS écuyer, et de Marie-Antoinette BOEYE, née en 1753, alliée à messire Augustin-Thomas-Joseph LIOT, écuyer, seigneur de WALLE et de NORT-BÉCOURT, noble vassal de la Cour de Cassel, mousquetaire de la maison du Roi, chevalier de l'Ordre royal et militaire de Saint-Louis, décédé à Saint-Omer, en 1832.

De cette alliance:

A. Pierre-François-Augustin-Joseph-Aimé LIOT DE NORTBÉCOURT, né à Cassel, marié à Thérèse-Louise ENLART DE GUÉMY.

(Voir la Généalogie des LIOT, pour continuer la filiation.)

B. Marie-Julie-Louise-Constance LIOT DE NORTBÉCOURT, mariée à Dominique-Jean-François MOREEL.

(Pour continuer la filiation, voir la Généalogie de la famille LIOT.)

C. Adélaïde-Marie-Augustine LIOT DE NORTBÉCOURT, née à Oxelaere, le 12 octobre 1786, mariée le 3 avril 1806, à Charles-Jean-Baptiste-Joseph HÉMART, fils de Maximilien-Antoine-Albert-Joseph HÉMART, seigneur du NEUFPRÉ et autres lieux, échevin de la ville de St-Omer, et de Marie-Scholastique-Joseph DE CARDEVACQUE

De ce mariage :

AA. Adélaïde HÉMART, décédée en 1822, à Saint-Omer.

BB. Alphonse-Augustin-Joseph HÉMART DU NEUFPRÉ, marié en 1841, à Marie-Thérèse-Louise LIOT DE NORTBÉCOURT, décédé à Manheim (Allemagne), le 11 août 1853.

De cette alliance :

Alfred HÉMART DU NEUFPRÉ, décédé à Saint-Omer, le 1er mai 1852.

CC Félix-Albert HÉMART DU NEUFPRÉ, marié en 1836, à Nathalie-Louise-Joseph HÉMART.

De ce mariage :

A. Albert-Joseph HÉMART DU NEUFPRÉ.

B. Henri-Félix-Joseph HÉMART DU NEUFPRÉ.

C. Paul-Aimé-Félix-Joseph HÉMART DU NEUFPRÉ, décédé à Saint-Omer, le 11 mars 1858.

D. Charles-Augustin-Joseph HÉMART DU NEUFPRÉ.

E. Marie-Nathalie-Josephine HÉMART DU NEUFPRÉ, décédée à Saint-Omer, le 9 février 1860.

D. Constance-Marie-Alexandrine-Sophie LIOT DE NORTBÉCOURT, mariée à Nicolas-Joseph MACQUART DE TERLINES.

(Pour continuer la filiation, voir la Généalogie des LIOT.)

Branche LENGLÉ DE WESTOVER

Winoc-Marie-Joseph LENGLÉ, écuyer, seigneur de WESTOVER, conseiller pensionnaire et subdélégué de l'intendant à Bailleul, marié : 1° à Cécile-Gertrude

Van Pouille[1]; 2º à Marie-Jeanne Bruninck, veuve auparavant de Charles-Valentin Quékebil d'Orval, collégial de la Cour de Cassel; elle était fille de Jean-Jacques Bruninck, seigneur de Truitbroot, échevin de Volekerinchove.

De cette alliance :

1. Cécile-Catherine-Thérèse Lenglé de Westover, mariée, en 1778, à Louis-Robert Joets de Métershof, écuyer, lieutenant particulier au bailliage royal et siége présidial de Flandre à Bailleul.

De cette alliance :

> A. Marie-Julie-Reine Joets de Metershof, mariée, en 1824, à Charles-Romain-Stanislas de Coussemaker.
> B. Sophie-Louise-Pélagie Joets de Métershof, mariée à Louis-Ignace-Joseph de Coussemaker (Coussemaker.)

2. Marie-Caroline-Joséphine Lenglé de Westover, mariée à Louis Huger de Bacquencourt, chevalier de Saint-Louis, colonel de cavalerie.
3. Marie-Reine-Julie Lenglé de Westover, mariée, en 1786, à René-Joseph Béhaghel[2]; avec postérité.
4. Marie-Anne-Louise Lenglé de Westover, née en 1763, mariée : 1º à N.... du Toict; 2º à Jean-Pierre Thibaut de La Génerie.
5. Winoc-Marie-Joseph-Louis Lenglé de Westover, conseiller au Parlement de Flandre à Douai, mort à Paris, en 1835.

---

1 Armoiries des Van Pouille : D'argent, à la fasce d'azur chargée de trois étoiles à six rais d'or, accompagnée de trois corbeaux de sable, deux en chef, un en pointe. *(Armorial de Flandre.)*

2 Jean-Pierre et Louis Béhaghel, anoblis par lettres de Louis XVIII, du 4 octobre 1822, portaient pour armes : D'azur, au chevron d'or accompagné de trois merlettes d'argent, au chef d'hermine chargé d'un lion passant de gueules.

NOTES JUSTIFICATIVES

Pour vérifier la Généalogie des familles que je donne dans cet ouvrage, on peut consulter les documents suivants :

1. Registres de Notre-Dame, à Aire en Artois.
2. Registres de la paroisse de Sainte-Marguerite, à Saint-Omer.
3. Registres de la paroisse de Saint-Denis, à Saint-Omer.
4. Registres de la paroisse de Saint-Sépulcre, à Saint-Omer.
5. Registres de la paroisse de Moringhem en Artois.
6. Archives départementales du Pas-de-Calais.
7. Registres de la collégiale de Saint-Pierre, à Aire.
8. Archives de la ville de Saint-Pol en Artois.
9. Registres de la paroisse de Verchin.
10. Notes sur la famille de Wandonne.
11. Généalogie de la famille de Coussemaker.
12. Archives du bailliage royal d'Aire.
13. Partages et anciens contrats de famille.
14. Généalogie de la famille Liot.
15. Archives de la ville de Saint-Omer.
16. Registres de la paroisse de La Comté, près de Béthune.
17. Registres de la paroisse de Saint-André, à Lille.
18. Registres de l'église paroissiale de Notre-Dame, à Hesdin.
19. Registres de la paroisse de Sainte-Croix, à Béthune.

FIN DE LA GÉNÉALOGIE

ARMORIAL

Cet Armorial renferme la désignation des armoiries de presque toutes les familles dont le nom figure dans la Généalogie ; de sorte qu'en trouvant un nom, on peut de suite connaître les armes qui y correspondent, et, de plus, l'endroit ou le livre dans lequel elles ont été trouvées et copiées textuellement ou même réformées, quand il y a eu lieu de le faire.

AVEROULT (D').— Fascé d'or et de sable, de six pièces, au canton d'hermine.
(Armorial d'Artois, page 284.)

BERTIN DU NEUFPRÉ. — D'argent, à la fasce de gueules, chargée de deux roses d'or, accompagnée de quatre merlettes de sable, trois en chef et une en pointe.
(Documents de famille.)

BOEYE. — D'or, à trois trèfles de sinople, 2 et 1.
(Armorial de Flandre, page 210.)

BONVOISIN. — De gueules, à douze merlettes d'argent, au franc quartier d'hermine.
(Généalogie de la famille Liot de Walle)

BOULENGER.— D'azur, à trois besans d'or, au chef de même, à l'aigle éployée, naissante de sable, becquée de gueules.
(Dictionnaire de la Noblesse, page 52.)

BRANDT (DE). — D'azur, à trois flammes d'argent, 2 et 1.

(Armorial d'Artois, page 289.)

BRIOIS (DE).— De gueules, à trois gerbes d'or, à la bordure de même, chargée de huit tourteaux du champ.

(Armorial d'Artois, page 285.)

BROEDERS.— D'or, au chevron de gueules, accompagné en chef de deux étoiles de même, et en pointe d'un croissant, aussi de gueules.

(Portefeuilles généalogiques, aux archives du Nord.)

BRUNINCK. — D'argent, à trois écussons de sable, 2 et 1.

(Portefeuilles généalogiques, aux archives du Nord.)

CAPPEL (VAN). — D'hermine, à la fasce de gueules.

(Armorial de Flandre , page 210.)

CALONNE (DE). — D'argent, à l'aigle éployée de sable, becquée et membrée de gueules.

(Armorial d'Artois, page 230.)

CARDEVACQUE (DE). — D'hermine, au chef de sable.

(Armorial d'Artois, page 290.)

CARON (DE). — D'argent, à la bande d'azur, fleurdelisée d'or.

(Généalogie de la famille Liot de Walle, par Lemair.)

CARON DE CHOQUEUSE (LE). — D'argent, au chevron de gueules, accompagné, en pointe, d'un trèfle de sinople.

(Catalogue armorial, page 351.)

CASTELAIN D'ÉGLEGATTE. — De sable, à la tour d'argent maçonnée de sable.

(Généalogie de la famille Liot de Walle, par Lemair.)

CAULIN.— De sinople, à trois jumelles d'or.

(Généalogie de la famille Liot de Walle.)

CAURIE (DE LA). — D'or, au lion de sable. armé et lampassé de gueules.
(Dictionnaire de la Noblesse, page 78.)

CORBEHEM (DE). — Coupé; d'or, à l'aigle éployée de sable et de gueules, à neuf flammes d'or, 4, 3 et 2.
(Armorial de Flandre, page 60.)

CORDES (DES). — D'or, à deux lions de gueules adossés, les queues passées en sautoir.
(Armorial de Flandre, page 315.)

CORTYL DE WYTSHOVE. — D'azur, à la fasce d'argent, accompagnée en chef de deux étoiles de même, et en pointe d'une montagne d'or.
(Documents de famille.)

COUSSEMAKER (DE). — Ecartelé, aux 1º et 4º, d'argent, à trois merlettes de sable, 2 et 1; aux 2º et 3º, d'azur, à un chevron d'or, chargé d'une fleur de lis de gueules, accompagné de trois étoiles à six rais d'or; et sur le tout, d'argent, au lion de sable, lampassé de gueules.
(Armorial de Flandre, page 195.)

CROESER (DE). — De sable, à trois chevrons d'argent, accompagnés de trois coupes de même.
(Nobiliaire des Pays-Bas; — Recueil héraldique; — Portefeuilles, aux archives du Nord. — Pierre commémorative, église de Saint-Pierre, à Cassel)

CUINGHIEN (DE). — D'argent, à quatre chevrons de gueules.
(Dictionnaire de la Noblesse et du Blason, page 115; — Armorial de Flandre, pages 6, 54.)

DANVIN. — D'argent, au chevron brisé de gueules, accompagné, en chef, de trois étoiles d'azur, et en pointe, d'un croissant de même.
(Dictionnaire de la Noblesse et du Blason, page 221)

DAVID. — D'azur, à la bande d'or, accompagnée de deux harpes de même, cordées de sable.
(Armorial de Flandre, page 206.)

DELEBECQUE. — De sable, à trois chevrons d'or.

(Généalogie de la famille Liot de Walle.)

DORESMIEULX. — D'or, à la tête de Maure, de sable, tortillée d'argent, accompagnée de trois roses de gueules, 2 et 1.

(Armorial d'Artois, page 304. — Pierre tombale, église de Notre-Dame, à Saint-Omer.)

DRIESSCHE (VAN DEN). — D'or, parti tranché et taillé en pairle : au 1º, en chef, à l'aigle, de sable, languée et armée de gueules ; aux 2º et 3º, en flanc, à deux lions, affrontés aussi de sable.

(Armorial de Flandre, page 411.)

EMPEL (VAN). — De gueules, au cornet d'or, accompagné de trois étoiles de même.

(Armorial de Flandre, page 207.)

ENLART DE GUÉMY. — Ecartelé, aux 1º et 4º, d'or, à dix losanges de sable ; aux 2º et 3º, de simple, au chevron d'argent, accompagné de trois coquilles de même.

(Documents de famille.)

FAULCONNIER. — D'or, à trois roses de gueules, mises en bande entre deux cotices d'azur, accompagnés de deux faucons de sable, chaperonnés de gueules.

(Armorial de Flandre, page 56. — Pierre tombale, église Saint-Jean-Baptiste, à Dunkerque.)

FAYOLLE DE LESCOIRE. — D'azur, au lion d'argent, armé et couronné de gueules.

(Dictionnaire de la Noblesse et du Blason, page 155.)

FORGE (DE LA). — De gueules, à trois trèfles d'or, 2 et 1.

(Armorial d'Artois, page 299.)

FOUACHE. — D'azur, au lion d'or armé d'argent.

(Armorial de Picardie.)

FROHARD DE LAMETTE. — D'argent, au lion de sable, armé et lampassé de gueules.

(Documents de famille.)

GAILLARD. — D'azur, au chevron d'argent, accompagné de trois croix pattées de même.

(Catalogue armorial, page 348.)

GARSON DE BOYAVAL. — De gueules, à la fasce d'argent, chargée de trois quintefeuilles de sable.

(Pierres tombales, église de Saint-Pierre, à Aire en Artois.)

GAULTIER. — D'or, au chevron d'azur, accompagné de trois grappes de raisin de même, tigées de sinople; 2 et 1.

(Armorial de Flandre, pages 52, 54.)

GOUY (DE). — D'or, au chef de sable, chargé de trois coquilles d'argent.

(Généalogie de la famille Liot de Walle.)

GOSSON (DE). — Ecartelé aux 1º et 4º de gueules fretté d'or, aux 2º et 3º d'argent, à trois fasces de gueules, au bâton de sable mis en bande, brochant sur le tout.

(Armorial d'Artois, page 296.)

HAEMS (DE). — D'argent, à trois fasces ondulées de gueules.

(Portefeuilles généalogiques, aux archives du Nord.)

HAMEL DE CANCHY (DU). — D'azur, à la bande d'or, chargée de trois quintefeuilles de gueules.

(Catalogue armorial, page 346.)

HAU DE STAPLANDE (DE). — D'azur, au chevron d'argent, surmonté d'une étoile à brais d'or et accompagné de trois mains de carnation tenant une poignée d'épis de blé d'or, les deux du chef confrontées.

(Armorial de Flandre , page 204.)

HAVERSKERQUE (DE). — D'or, à la fasce de gueules.

(Armorial de Flandre, page 319.)

HÉMART. — D'argent, à cinq burelles de sable.

(Documents de famille. — Pierre tombale, église de Saint-Jean-Baptiste, à Dunkerque.)

HENDERYCKSEN. — D'or, au chevron d'azur, accompagné de trois merlettes de sable.

(Armorial de Flandre, page 61. — Pierre tombale, église de Saint-Jean-Baptiste, à Dunkerque.)

HÉGUES (DE). — D'argent, à l'écusson de gueules en cœur, accompagné de six annelets de même, 3, 2 et 1.

(Généalogie de la famille Liot de Walle.)

HERNISSE (SEIGNEURIE DE LA). — Ecartelé aux 1o et 4o d'azur, au griffon d'or; aux 2o et 3o d'or, à l'aigle abaissée de sable, accompagnée de trois cors de chasse de même, 2 et 1.

(Armorial de Flandre, page 203.)

HIBON DE FROHEN. — D'argent, à trois bustes de reine de carnation, couronnés d'or, 2 et 1.

(Armorial de Picardie, page 257.)

JOETS DE MÉTERSHOF. — D'azur, au lion d'argent.

(Portefeuilles généalogiques, aux archives du Nord.)

JOSNE (LE). — De gueules au créquier d'argent.

(Armorial de Flandre, page 131.)

LAMBRECTH. — D'hermine, à la fasce de sable.

(Généalogie de la famille Liot.)

LANGHETÉE DE GHYVELDHOVE. — D'argent, à l'arbre de sinople, terrassé de même fruitté d'or, accosté de deux trèfles de même; le tout adextré d'une épée d'azur, à la garde et la poignée de sable.

(Portefeuilles généalogiques, aux archives du Nord.)

LE BOISTEL. — D'azur, à la bande d'or chargée de trois merlettes de sable, accompagnée de deux lions d'or.

(Armorial de Flandre, page 56.)

LEMAIRE. — D'argent, au sion de sable, lampassé de gueules, accompagné de trois étoiles de gueules, deux en chef, une en pointe.

(Armorial de Flandre, page 20; — Généalogie de la famille Liot.)

LENCQUESAING (DE). — D'azur fretté d'or, au chef d'azur chargé de deux étoiles d'argent.

(Documents de famille.)

LENGLÉ DE SCHOEBEQUE. — D'or, au chevron de gueules, surmonté d'une étoile de gueules et accompagné de trois cors de chasse de même, virolés d'azur.

(Documents de famille. — Pierre commémorative, église de Saint-Pierre, à Cassel.)

LE ROY DU BARDOUX. — De gueules, à trois couronnes de marquis d'or, 2 et 1.

(Pierres tombales, église Saint-Pierre, à Aire.)

LIOT DE WALLE. — D'argent, à trois quintefeuilles de gueules, 2 et 1.

(Documents de famille.)

MACQUART. — D'or, à la palme de sinople.

(Armorial d'Artois, page 396.)

MAES. — De sable, à une étoile de six rais d'or, accompagnée de trois coquilles d'argent, écartelé d'or, à la croix d'azur chargée de cinq mouchetures d'hermine d'or.

(Armorial de Flandre, page 70.)

MAHIEU. — D'or, à deux quintefeuilles en chef, et une merlette de sable en pointe.

(Généalogie de la famille Liot de Guzelinghem.)

MAILLET. — D'argent, à trois maillets d'azur, 2 et 1.

(Généalogie de la famille Liot ; — Armorial de France, page 309)

MEURISSE DE SAINT-HILAIRE.—De gueules, au chevron d'or, accompagné de trois roses d'argent, deux en chef, une en pointe.

(Annuaire de la Noblesse de France ; — Documents de famille)

MONCHEAUX (DE).— D'argent, fretté de sinople.

(Dictionnaire de la Noblesse, page 299 ; — Armorial de Flandre, pages 37, 68, 114, 150.)

MOREEL. — D'or, au chevron d'azur, accompagné en chef de deux étoiles d'azur, et en pointe d'un croissant de même.

(Portefeuilles généalogiques, aux archives du Nord.)

OGIER. — D'azur, au cygne d'argent s'essorant, surmonté de trois étoiles à six rais d'or.

(Armorial de Flandre, page 241.)

PAN DE WISQUES (DE). — De sinople, au chevron d'or, accompagné de trois têtes de paon de même, 2 et 1.

(Généalogie de la famille de Sainte-Aldegonde — Façade extérieure du château de Wisques. — Documents de famille.)

PAYELLE. — D'or, au chevron de sable, accompagné de trois têtes de lion arrachées de même, 2 et 1.

(Armorial de Flandre, page 11.)

PELET. — D'azur, à la fleur de lis d'or, à la bordure engrelée de même.

(Armorial de France, page 260.)

PETITPAS. — De sable, à trois fasces d'argent.

(Armorial de Flandre, pages 37, 40, 113, 158.)

POUILLE (VAN). — D'argent, à la fasce d'azur, chargée de trois étoiles à six rais d'or, accompagnée de trois cormorans de sable, deux en chef, un en pointe.

(Armorial de Flandre, page 64)

QUÉKEBIL D'ORVAL. — D'or, à la fasce abaissée de gueules, accompagnée en chef de deux lions de sable, lampassés de gueules, tenant un croissant de même entre leurs pattes de devant, et d'un cor de chasse de sable, virolé de gueules en pointe.

(Armorial de Flandre, page 206.)

ROGIER D'HOUDEAUVILLE. — D'argent, à la croix pampelonnée d'azur.

(Généalogie de la famille de Wandonne)

RUCKEBUSCH. — D'argent, au chevron d'azur, accompagné en chef de deux étoiles de gueules, et en pointe d'un trèfle de sinople.

(Portefeuilles généalogiques, aux archives du Nord.)

SAINT-VAST (DE). — D'azur, à l'aigle à deux têtes éployée d'or.

(Généalogie de la famille Liot de Guzelinghem ; — Armorial de Flandre, pages 94, 96.)

SARS (DE). — D'or, à la bande de gueules, chargée de trois lions d'argent lampassés d'azur.

(Armorial de Flandre, page 78.)

SURQUES (DE). — De sinople, à trois molettes d'or, 2 et 1.

(Armorial de Flandre, pages 135, 137, 239, 265.)

TAFFIN. — D'argent, au chevron de sable, accompagné de trois têtes de maure de même, tortillées d'argent, 2 et 1.

(Armorial de Flandre, page 9 ; — Documents de famille.)

TARDIEU. — De sinople, à deux lions d'argent, adossés et couronnés de gueules.

(Généalogie de la famille Liot.)

TÈCLE DE GHYSELBRECHT. — D'or, à la fasce de sable, accompagnée en chef d'un cormoran de même, et en pointe d'une étoile et d'une coquille aussi de sable.

(Armorial de Flandre, page 210.)

TOICT (DU). — De gueules, à un calice d'or.

(Armorial de Flandre, page 33.)

UYTLAETE (VAN). — D'or, à la fasce de sable, accompagnée de sept arbres arrachés de même, quatre en chef, trois en pointe.

(Armorial de Flandre, page 158.)

VAILLANT. — De gueules, au soleil d'or.

(Dictionnaire universel, page 408.)

VAN DEN DRIESSCHE. — D'or, parti tranché et taillé en pairle, au 1º en chef à l'aigle de sable languée et armée de gueules, aux 2º et 3º en flanc, à deux lions affrontés aussi de sable.

(Armorial de Flandre, page 411.)

VANDOLRE. — D'or, au lion de gueules, accompagné de huit losanges d'azur, 1, 2, 2, 2, 1.

(Généalogie de la famille Liot de Walle.)

VERNIMMEN. — De gueules, à un lion d'argent, accompagné de trois étoiles à six rais d'or, une en chef et deux en flanc.

(Armorial de Flandre, page 71.)

VOSTINE (VAN DER). — De sable, au chevron d'argent, accompagné de trois coquilles de même.

(Dictionnaire universel, page 436.)

WANDONNE DE WAILLY (DE). — De sable, à trois fasces d'argent, chargées d'un quartier de sinople au lion d'or.

(Armorial des Maisons nobles de France, page 447.)

WATTRINGUE. — De gueules, à la croix de Lorraine d'argent, au chef d'or, chargée d'une clef de sable.

(Documents de famille.)

WAUSSEY (DE). — D'azur, à la bande d'argent chargée de deux hures de sanglier de sable.

(Dictionnaire de la Noblesse, page 430.)

WEL (VAN). — D'argent, à la fasce de sable, accompagnée de trois losanges de gueules.

(Armorial de Flandre, page 391.)

WERBIER. — D'azur, à trois nénuphars d'argent tigés et feuillés d'or.

(Armorial des Maisons nobles de France, page 447.)

WISSERY (DE). — Fascé d'or et de sable de six pièces, les fasces de sable chargées de six coquilles d'argent, 3, 2 et 1.

(Mélanges de généalogies.)

WOORM DE BOMICOURT. — D'azur, au chevron d'or, accompagné en pointe d'un croissant d'argent, au chef de gueules chargé d'une fleur de lis d'argent, accostée de deux étoiles de même.

(Pierres tombales, église Saint-Pierre, à Aire.)

ZELLER (van). — D'argent, à trois corbeaux de sable, membrés d'or, brisés en abîme d'une étoile à six rais de sable.

(Armorial de Flandre, page 115.)

ZURLIS (de). — D'argent, au chevron de sinople, accompagné en chef de deux molettes de gueules, et en pointe d'une fleur de lis de même.

(Généalogie de la famille Liot de Walle.)

www.ingramcontent.com/pod-product-compliance
Lightning Source LLC
Chambersburg PA
CBHW070938280326
41934CB00009B/1922